चाँद की छांव में

अखिलेश कुमार शर्मा

BookLeaf Publishing

India | USA | UK

Made with ❤ on the BookLeaf Publishing Platform
www.bookleafpub.in
www.bookleafpub.com

यह पुस्तक

मेरे प्रेरणा स्त्रोत
श्री अटल बिहारी वाजपेयी
श्री ए. पी. जे. अब्दुल कलाम
श्री बंशी लाल जी शर्मा
स्वर्गीया श्रीमती नाथी देवी शर्मा
एवं मेरे संपूर्ण परिवार को समर्पित है,
जिन्होंने मुझे सच्चा प्रेम, समर्थन और प्रेरणा दी।
विशेष रूप से मेरी पत्नी और बेटी को, जिनकी
मुस्कान और संबल ने मेरी लेखनी को हमेशा ऊर्जा
दी।

चाँद को,

जो हमेशा मेरी मध्यरात्रि की सोचों को रोशन करता है और कभी-कभी मुझे यह सोचने पर मजबूर कर देता है कि कहीं मैं बहुत गहरे तो नहीं उतर गया।

और पाठक को—

जो भी आप हैं, जहाँ भी आप हैं—

ये कविताएँ आपको हंसाए, रुलाए, या कम से कम हर 30 सेकंड में अपना फोन चेक करने से रोकें, यही मेरी शुभकामनाएँ हैं।

यह सब आपके लिए है।

सादर,

अखिलेश

Acknowledgement

सबसे पहले, मैं अपने परिवार का दिल से आभार व्यक्त करता हूँ, विशेष रूप से अपनी पत्नी और बेटी का, जिनका प्रेम, समर्थन और समझदारी मेरे जीवन और लेखन का आधार है। मेरे माता-पिता को धन्यवाद, जिनकी मार्गदर्शन और प्रेरणा ने मुझे हमेशा आगे बढ़ने की हिम्मत दी।
मेरे दोस्तों, गुरुओं और साथी कवियों का भी धन्यवाद, जिनके विचार, समर्थन और आलोचनाओं ने मेरी कविता को निखारा।
अंत में, मैं अपने पाठकों का आभारी हूँ, जिनकी रुचि और प्यार के बिना यह पुस्तक संभव नहीं होती।
सभी का आभार,

अखिलेश

Preface

कविता मेरे लिए आत्मअवलोकन और भावनाओं की अभिव्यक्ति का एक माध्यम रही है। इस संग्रह में मैंने जीवन के विभिन्न पहलुओं—प्रेम, संघर्ष, आशा और निराशा को शब्दों में बांधने की कोशिश की है। हर कविता एक व्यक्तिगत अनुभव है, जिसे मैंने महसूस किया और साझा किया।

इन कविताओं के माध्यम से मैं पाठकों को अपनी सोच और भावनाओं के संसार में आमंत्रित करता हूँ, और उम्मीद करता हूँ कि ये शब्द आपके दिल तक पहुंचें।

सभी पाठकों, परिवार, मित्रों और मार्गदर्शकों का आभार, जिनकी प्रेरणा और समर्थन ने इस यात्रा को संभव बनाया।

सादर,

अखिलेश

रंग भर रहा है कौन

आज इन्द्रधनुष में फिर,
रंग भर रहा है कौन,
आज फिर मौन पवन में
उमंग भर रहा है कौन,
देखो, दूर गगन से आकर,
मन को बहला जाता कौन,
देखो, छू कर अंग-तरंग,
तन को महका जाता कौन,
अटके-भटके खग गणों को,
राह दिखाता जाता कौन,
सुन्दर-सुन्दर जल, गगन का,
मधुर श्रृंगार कर रहा है कौन
आज इन्द्रधनुष में फिर,
रंग भर रहा है कौन।

रात कितनी चांदनी है

देखो तो रात कितनी चांदनी है,
रुत सुहानी गा रही
प्यास दिल समा रही
रात ने छेड़ी फिर रागिनी है
देखो तो रात कितनी चांदनी है
दूधिया रोशनी में हम तुम नहायें
प्रेम के मृदु भाव हम तुम जगायें
आ नहायें बरसात मनभावनी है
देखो तो रात कितनी चांदनी है
आ ज़रा नज़दीक आ, तुझे देखा करूँ
अपने प्यासे कंठ को तेरे अधरों पे धरूँ
केशों की गंध तेरी मनमोहनी है
देखो तो रात कितनी चांदनी है।

द्वार कौन आ रहा

बूँद-बूँद गिर रहा,
आज जल आकाश से
निज घर छोड़ कर
जल जमीं समा रहा ....
पर्वतों के शीर्ष से
गर्जना सी हो रही
मंद-मंद मुस्कान के
बादल झोंके ले रहा ....
आज स्वछंद नाच रही
जल धार मगन मगन
मेघ गण प्रसन्न है
झूम नृत्य हो रहा ....
रोम-रोम उद्गार है
मन मेरे प्रभात है
बादलों के संग-संग
मन झूम-झूम गा रहा .....
वात, श्वास शांत है
सब द्वार खुल गए
कोई आ मुझे बता
द्वार कौन आ रहा ..

वो पूनम थी

वो पूनम थी,
जिसने फिर क़दमों को खींचा,
एक सूखे जीवन का पौधा,
अपने सुन्दर मन से सींचा .....
अनचाहे, अनमांगे सपने,
सहसा फैले पथ में मेरे,
मैं क्या करता, कर बैठा,
उसके मन से मंगल फेरे,
वो पूनम थी,
जिसने मेरा क्षोभ उबारा,
छूकर उसने मेरे तन को,
जीने का अहसास उतारा,
लील हुआ था भेष हमारा,
अंधियारे चुपचाप गगन में,
इठलाती काया ने उसकी,
मधु बिखेरा मौन हवन में।

फिर वो आई।

आज सुबह भोर-भोर ही,
पगडण्डी पर पैदल चल कर,
धीमे-धीमे कदम बढ़ाती,
फिर वो आई।
नव किरण नव आशाओं का,
गुलदस्ता लेकर,
नव प्रभात,
नव फुलझड़ियाँ लेकर,
फिर वो आई।
मुरझाए फूलों में खुशबू,
सूखे पत्तों में हरियाली,
मुरझाए चेहरों पे खुशहाली,
अरमानों की थाली लेकर
फिर वो आई। .
नव राग,
नव उमंगें,
किलकारी करते क़दमों से चलकर,
आँखों में नव स्वप्न लेकर,
फिर वो आई।
चञ्चल-चञ्चल,

कोमल-कोमल,
सुरभित वातावरण करके,
आनन्दित अन्तर,
करने को,
फिर वो आई।
फिर वो आई।

मोहसिन

मैं ताउम्र ज़िंदा बुतों में,
ज़िन्दगी तलाशता रहा,
और वो मोहसिन मुझ में,
ज़िन्दगी मुकम्मल कर गया।
मैं बेजान सन्नाटों में,
खुशियों का शोर ढूंढता रहा,
और वो ख़ामोशी की धड़कन में,
मुझे ज़िंदा कर गया।
हर चिराग बुझा मेरे हिस्से का,
मैं रातों से जूझता रहा,
वो चुपके से एक किरण बनकर,
मेरे अंधेरों को रोशन कर गया।
जिससे खफा थी ये दुनिया,
मैं उसी से सवाल करता रहा,
वो बेपरवाह मेरी सोचों में,
हर जवाब बिछा कर चला गया।
मैं खुद को मिटाने की कोशिश में,
हर पल जलता रहा,
और वो अपने प्यार की आग से,
मुझमें नई रोशनी भर गया।
ताउम्र जिसे मैं समझ न सका,

वो एक नज़र में सब कह गया,
मैं तन्हा रहा उम्रभर यूँ ही,
और वो इक पल में अमर कर गया।
मैं ताउम्र ज़िंदा बुतों में,
ज़िन्दगी तलाशता रहा,
और वो मोहसिन मुझ में,
ज़िन्दगी मुकम्मल कर गया।

सृजनहार का अभिनंदन

तेरा मुख, जैसे चाँद का शीतल आंचल,
तेरी आँखों में समंदर की गहरी धारा,
जैसे रात्रि की चाँदनी में हर एक ख्वाब बस जाए,
तेरे चेहरे पर हर एक रेखा, एक कहानी कह जाए।
कैसे करूँ उस सृजनहार का अभिनंदन,
तेरी मुस्कान में बसी एक सुखद शांति की बूँद,
तेरे वजूद में बसा है कोई अनकहा सा राज़,
तू वह किरन है, जो अंधेरे में रास्ता दिखाए,
तेरी हर एक बात में वह अहसास है, जो दिल को
छू जाए।
कैसे करूँ उस सृजनहार का अभिनंदन,
तेरी ज़ुल्फ़ों में बसी हवाओं की ममता,
तेरी आँखों में खो जाने की अनकही हिम्मत,
तू सागर की गहराई, तू आकाश की ऊँचाई,
तेरी धड़कन में बसी है एक अनकही ज़िंदगानी की
सच्चाई।
कैसे करूँ उस सृजनहार का अभिनंदन,
तेरी छवि में छुपा हर रंग है जीवन का गीत,
तेरे रूप में बसी है परम सत्य की रीत,
तेरी चाल में समाई एक अनदेखी संगीत की लहर,
तेरी हँसी में बसी वो चुप सी प्रेम की परत।

कैसे करूँ उस सृजनहार का अभिनंदन,
तेरे नज़दीक आकर मैं एक पल रुक जाना चाहता
हूँ,
तेरी उस छवि को अपनी धड़कनों में समाना
चाहता हूँ,
तेरी नज़रों में बसी वह प्रेम की गहरी अदा,
जो मुझे हर पल अपने पास लाने की बात कहे।
कैसे करूँ उस सृजनहार का अभिनंदन।

रंगों की बरसात हो रही है

रंगों की बरसात हो रही है,
वो मेरे सपनों में खो रही है।
आ कर बैठो कभी पास में,
वो नव रिश्ते संजो रही है।
बातें जो अधूरी रह गई थीं,
उनमें अब खुशबू सी घुल रही है।
उसकी हंसी की उस गूंज में,
हर खामोशी मिट रही है।
चाहत के हर रंग में रंगी,
वो मेरे ख्वाबों में ढल रही है।
आँखों से कहे बिना कुछ,
दिल में नज़दीकियाँ बढ़ रही है।
हाथ थामो कभी चुपके से,
उसके दिल में उम्मीदें बुन रही हैं।
कोमल सी वो चाहत की डोर,
दो दिलों को संग जोड़ रही है।
चमक रही हैं ख्वाहिशें उसकी,
जैसे चाँदनी रात में उजाला हो।
रंगों की इस रुत में संग चलते,
अब एक नया सफर हमारा हो।

हर पल में घुली ये खुशबू,
हर सांस को महका रही है।
दिल से दिल की दूरी मिटाकर,
वो मुझे खुद में पा रही है।

चाँद की रेशमी चादर

चाँद की रेशमी चादर, तेरे नाम से सजी,
हर रात की तन्हाई में, तेरा ही साथ है नसीब।
तेरी हँसी की खुशबू, जैसे फूलों की माला,
न भूलूँगा, प्रिये, ये लम्हे, ये मीठी बातें।
तेरे संग जो बीते हैं, वो पल मेरी धड़कन,
न भूलूँगा, प्रिये, ये सुख, ये सपनों की रातें।
सागर की लहरों में, छिपे हैं अनमोल खजाने,
पहाड़ की ऊँचाइयों पर, महके सुख के तराने।
मेरे मन की प्यास को, तू ही कर दे शांत,
तेरे बिना अधूरा है, मेरा हर एक अरमान।
तेरी सूरत में छुपा है मेरा हर ख्वाब ग़म,
तू हो मेरी धड़कन, तू हो मेरा हर मान,
तेरे नयन बिखेरते, प्रेम की अनोखी रीत,
इस मन्दिर में बसी है, सच्चाई की सूरत।
कस्तूरी की महक से, महके हर एक पथ,
तेरी मोहब्बत में बसी है, सुख की मूरत।
चाँद की रेशमी चादर, तेरे नाम से सजी,
हर रात की तन्हाई में, तेरा ही साथ है नसीब।
तू है मेरी धड़कन, जीवन का मधुर गीत,
न भूलूँगा, प्रिये, ये लम्हे, ये मीठी बातें।

उड़े पतंगा मेघ हँसे ओ

उड़े पतंगा मेघ हँसे ओ,
पवन सुनाए गीत अनुरागा,
पत्तों की छम-छम पायल से,
प्रकृति पिरोए नेह धागा,
हंसा की ज्योतिर्मय आभा,
पपीहे का पीहूं राग,
शुभ अशुभ ओ मंगलकारी,
एक डाल सब कोकिल कागा,
मोहित मन हर्षित रग-रग,
खुश होता मो से मम भगा,
सुन्दर दृश्य सम्मोहित करता,

लाता खिचे मो को बागा,
उड़े मेघ पवन नाचे ओ,
पंछी मन जागे विरागा,
स्वछंद उड़ूँ मैं अरे ओ,
जैसे पिंजर पंछी भागा।

आज फिर तकलीफ़ में है आदमी

आज फिर तकलीफ़ में है आदमी,
अपने हिस्से की लड़ाई लड़ता है आदमी।
जर्जर उम्मीदों के खंडहरों में भी,
अंधेरे से उजाले की ओर बढ़ता है आदमी।
बाजुओं में ताकत, मगर पैरों में ज़ंजीरें,
सपनों पर पहरे और हौसलों पर तीरें।
फिर भी हर घाव सहकर मुस्कुराता है,
अटल संकल्प के साथ चलता है आदमी।
ज़माने की ठोकरें सह कर भी जो,
अपने पथ पर डटा रहता है वो।
धरती का कण-कण जिसकी गवाही दे,
उस मिट्टी का बेटा है, वो अडिग आदमी।
समय के थपेड़ों से टूटा नहीं है,
हर विपत्ति में झुका नहीं है।
धूप में तपकर सोना बने जो,
ऐसे अंगारों में ढला है आदमी।
ना किसी सत्ता से डरता, ना हार मानता है,
हर बार गिरकर भी फिर संभलता है।
तूफानों से खेलते उसकी बाहें थकती नहीं,
सच्चाई की राह पर जो अडिग खड़ा है आदमी।

युग बदलते हैं, धारा बदलती है,
पर उसके इरादों की धार न बदलती है।
जो जूझे अपने हक़ के लिए आखिरी सांस तक,
भारत की माटी का वही अटल सत्य है आदमी।

तुम

तुम कहानी, तुम कविता,
तुम सपनों की उड़ान हो,
तू श्वास, तुम ही जीवन,
तुम ज्योति, तुम जहान हो,
तुम चञ्चल ,तुम सुन्दर,
तुम आँगन, तुम आधार हो,
तुम बादल, तुम हवा,
तुम नौका, तुम मझधार हो,
तुम समझ, तुम अबोध,
तुम नाचते विचार हो,
तुम कमल, तुम सागर,
तुम वक़्त, तुम सूत्रधार हो,
तुम ईश्वर, तुम पैगम्बर,
तुम रचना, तुम ही सार हो,
तुम कहानी, तुम कविता,
तुम ही सपनों का संसार हो।

रोशनी से दूर यूँ एक जहां मांगते हैं

अजनबी से वो चहरे पहचान मांगते हैं,
महफिलों की खोई पहचान मांगते हैं।
ओहदों में छुपी कुर्सियों से पूछो,
लकीरों में अटकी जान मांगते हैं।
इश्क करके परिंदों ने जुर्म क्या किया,
छप्पन सवालों का जवाब मांगते हैं।
आज उनसे न पूछो बेकरारी का आलम,
अठखेलियों में वो अरमान मांगते हैं।
बेबस नज़रें हैं जो खो गए अंधेरों में,
उनसे चिरागों का सामान मांगते हैं।
अपने दामन में छुपी थी जो रोशनी,
अब खुदा से वही आसमान मांगते हैं।
जिन लम्हों ने उन्हें खुद से बिछड़ा दिया,
वो अब उन्हीं लम्हों का निशान मांगते हैं।
धूप में जलकर जो सीखा था उन्होंने,
वो अब सायों से अपना मकान मांगते हैं।
कभी सपनों की तरह थे जो पास उनके,
आज वो टूटे हुए ख्वाब मांगते हैं।
खामोशी की सिसकियाँ हैं जुबां पर थमी,
फिर भी हर लम्हा इक ब्यान मांगते हैं...

साहिल से क्यों ये किनारे जुदा हो गए,
तूफानों में अब कश्तियाँ पनाह मांगते हैं...
ज़िंदगी के सफर में सब खो चुके,
बेवजह अब एक नया इम्तिहान मांगते हैं...
जो जलते हुए थे चिरागों की तरह,
अब वो भी बुझ कर एक आसमान मांगते हैं...
हर तरफ अब अंधेरों का ही राज है,
रोशनी से दूर यूँ एक जहां मांगते हैं।

उम्र मर रही है।

ज़िन्दगी मेरे साथ,
बदसलूकी कर रही है,
मैं गिन रहा हूँ दिन,
और उम्र मर रही है।
ठहर सा गया हूँ,
ठहराव को लेकर,
मैं बीत रहा हूँ शायद,
या उम्र मर रही है।
तक़ल्लुफ़ वो कर रही थी,
जी कर भी मर रही थी,
मैं अनजान था शायद,
की उम्र मर रही है।
बदनाम तो थे शायद,
बेशर्म भी हो गए हैं,
जिसे उम्र भर कोसते रहे,
वो, उम्र मर रही है।
बातों में मिठास कम है,
हर ख्वाब अधूरा सा है,
इंसानियत की पहचान,
खुद में कहीं खो गई है।
हर सुबह की किरण से,

उम्मीदें भी डरी-डरी हैं,
दिल के कोने में छुपी,
हर ख्वाहिश मर रही है।
दूरियों का ये आलम,
जैसे रिश्तों की तड़प,
सपनों के जाल में अब,
हर चाह भी मर रही है।
अब तो बस सन्नाटा है,
हर आवाज़ में नीरवता है,
इस बंजर ज़िंदगी में,
खुशियों की कली मर रही है।

चोट लगे तो

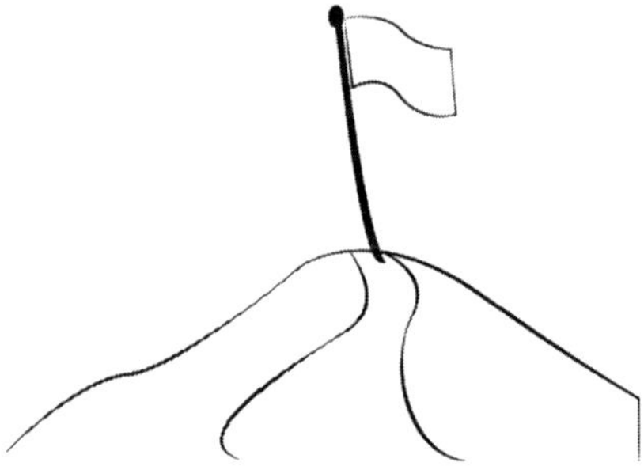

चोट लगे तो रो लेना तुम,
पर न तू मुझसे कहना,
अभिलाषा की टूटे कलियाँ,
चुपचाप हँस कर सहना,
पर ना तुम मुझसे कहना...
सच कहूँ, तो जग हँस देगा,
गर दिखाया तुमने दुःख रोना,
चुपचाप तुम सहते रहना,
दुःख छिपा कर हँसते रहना,
पर ना तुम मुझसे कहना...
न मिलेगी दिलासा मुझसे,
ना आशा की फुलहारी,
गिर जाओ तो खुद संभलना,
चोट लगे तो रो लेना तुम,
पर ना तुम मुझसे कहना...

खुद की राहें खुद बनानी हैं,
ज़ख्मों को छुपा लेना तुम,
कभी मुस्कान की चादर ओढ़ना,
आँसुओं को पी लेना तुम,
पर ना तुम मुझसे कहना...
जब दुनिया देखेगी तेरी हिम्मत,
तब तेरा दुःख न हो सहेजा,
छोटी-छोटी बातों में भी,
तू खुद को फिर से सहेजा,
पर ना तुम मुझसे कहना...
इस सफर में जो तू जीता है,
उसे खुद ही पहचान लेना,
हर दर्द को बिसरा देना,
आँखों में न जलना तुम,
पर ना तुम मुझसे कहना...।

मैं फिर भी चलता रहा

मेरी हार पर कुछ अपने ही
लोग हँसते हुए देखे,
कुछ भौहें तने हुए तो कुछ,
फब्तियां कसते हुए देखे।
कदमों की लड़खड़ाहट पर,
जश्न मनाते हुए देखे,
मेरी कोशिशों के टूटते,
टुकड़े उठाते हुए देखे।
हर दर्द की आहों में,
कुछ मुस्कुराते हुए देखे,
जो कल मेरे संग थे,
आज वही पराये हुए देखे।
रास्तों में जो कांटे बोये,
वो ही आज फूल कहते हैं,
कल तक जो परछाईं थे,
आज सवाल करते हुए देखे।
बस यूँ ही किसी बहाने,
ज़ख्मों को गिनते हुए देखे,
मेरी हार पर कुछ अपने ही,
खुद को सँभालते हुए देखे।

अपनी ही छाया में छुपे हुए,
वो मुझ पर व्यंग कसते देखे,
स्नेह के मुखौटे ओढ़कर,
मन ही मन जलते हुए देखे।
जो थे मित्र कहने को मेरे,
वही समीप जलते दीप जैसे,
मेरे दुख पर प्रहार करते,
कटु शब्द बाण चलते देखे।
अपनी मृदुल वाणी में,
विष की धारा बहाते देखे,
मेरे पतन पर कुछ अपने ही,
मूक हास्य सजाते देखे।
किन्तु हृदय में ज्योति जलाकर,
अडिग मैं फिर भी चलता रहा,
उनके कटाक्षों से निर्भय,
स्वप्न नया बुनता रहा।
ये राह कठिन है, फिर भी,
मैं स्वयं को सृजित करता रहूँगा,
स्नेह-द्वेष से परे होकर,
हर ठोकर से उठता रहूँगा।

मैं लिखता हूँ, मिटाता हूँ

किरदार तो बहुत थे दोस्त,
तेरा किरदार ही ऐसा था।
ना मैं लिख सका उसे पूरा,
और ना वो खत्म हो पाया।
हर पन्ने पर बसी तेरी सूरत,
हर शब्द में तेरी छाया थी,
जितना संजोया, उतनी ही
तेरी यादों की परतें गहराई थी।
एक अधूरी दास्तां सी,
कुछ रूहानी, कुछ बेगानी सी,
हर लम्हा जुड़ा था तुझसे,
फिर भी कहानी अनजानी सी।
तेरी हंसी, तेरे आंसू,
सबके रंग मेरे अक्षरों में थे,
पर उस दर्द को लिख न सका,
जो तेरी आंखों की गहराई में थे।
तेरे हिस्से का सुख-दुख मैं,
अपनी लेखनी में भरता रहा,
पर वो सफर अधूरा सा रह गया,
जैसे तू संग चलता रहा।
अब भी तेरा नाम अधरों पर,

एक गीत की तरह गूंजता है,
मैं लिखता हूँ, मिटाता हूँ,
फिर भी तेरा अक्स उभरता है।
किरदार तो बहुत थे दोस्त,
पर तेरा किरदार ही खास था,
मैं लिख न पाया उसे संपूर्ण,
वो अब भी मेरी कलम में सांस था।

हर गली में धुँआ सा क्यों है

ऐ शहर,
तेरी हर गली में धुँआ सा क्यों है।
हर मोड़ पर,
हर मर्ज़ अनछुआ सा क्यों है।
जहाँ देखूँ, दीवारें स्याह सी हैं,
हर चेहरे पे दर्द की परछाई है,
कभी रौनक थी यहाँ फूलों की,
अब हर गली वीरानाई है।
तेरी फिज़ाओं में ये घुटन कैसी है,
सन्नाटों में भी शोर सा क्यों है,
जो लोग कभी मुस्कुराते थे यहाँ,
उनकी आँखों में ख़ौफ़ सा क्यों है।
हर मोड़ पर हैं खड़े लोग अपने,
पर किसी का चेहरा अपना नहीं,
अपनेपन की ये कैसी कमी है,
हर रिश्ता यहाँ बेमाना सा क्यों है।
तेरी रातें तो जगमग हुआ करती थीं,
अब अंधेरों में डूबी कहानियाँ हैं,
हर रोशनी में अब धुंधलापन है,
जुगनुओं की भी परछाईयाँ हैं।

ऐ शहर, तेरा मिजाज़ बदला बदला सा क्यों है,
तेरी रफ्तार में थकावट घुली क्यों है,
जो बसता है तेरे सीने में कहीं,
वो हर अरमान टूटा टूटा सा क्यों है।
ऐ शहर, तू उदास सा क्यों है,
तेरी हंसी गुमसुम सी क्यों है,
कभी तूने भी बाँटा था उजाला,
अब हर दिल में अंधेरा सा क्यों है
ऐ शहर,
तेरी हर गली में धुँआ सा क्यों है।

जब तुम मिलोगे मुझसे

जब तुम मिलोगे मुझसे,
तो शिकायत करूँगा।
वक़्त के गुज़रने का,
इंतज़ार मैं शायद करूँगा।
पूछूँगा वो अधूरे सवाल,
जो बरसों से चुप हैं खड़े,
उन जवाबों की भी तलाश करूँगा,
जो तेरे दिल में छिपे पड़े।
तेरी खामोशियों से गुफ़्तगू करूँगा,
तेरी आँखों में झाँकूँगा मैं,
जो लफ्ज़ ना कह सके तुम,
उन बातों को भाँप लूँगा मैं।
तेरे जाने के बाद की उदासी,
तेरे आने के पल में भरूँगा,
जब तुम मिलोगे मुझसे,
तो शिकायत करूँगा,
जब तुम मिलोगे मुझसे,
तो शिकवे-गिले दोहराऊँगा,
तेरी बेरुख़ी के हर पहलू को,
फिर से तेरे संग सजाऊँगा।

वो लम्हे जो तन्हाई में बीते,
उनका हिसाब माँगूँगा तुझसे,
तेरी हर ख़ता को फिर प्यार से,
अपनी बाहों में दबाऊँगा तुझसे।
तेरे लौट आने की खुशी में,
सारे गिले मिटा दूँगा,
जब तुम मिलोगे मुझसे,
तो शिकायत करूँगा।

उनका ख़त मिला कुछ इस तरह

उनका ख़त मिला कुछ इस तरह,
प्रथम प्रेम के प्रथम चुम्बन की तरह,
उनके शब्दों की वो फुलझड़ियाँ,
रेखा गणित के वेन आरेख की तरह,
गुलाब की पंखुड़ियों की खुशबू बिखेरता
वो आया कुछ इस तरह, कुछ उस तरह,
उनकी हवन की आंच तपने की अनुभूति,
लगी तपस्विनी के परम तप की तरह,
उनकी कविता के छंदों की माला,
प्रतीत हुई वरमाला के फूलों की तरह,
उनका मन की किताबों पर लिखना,
कुछ बनते संवरते प्रीत गीतों की तरह,
अच्छा लगा उनके वतन से हवा का आना,
आसमान में विचरते पंछी की तरह,
उनका प्रेम पत्र लिखते रहना,
प्रथम प्रेम के प्रथम चुम्बन की तरह।

काट देगी यौवन कह

व्यर्थ की चिंता छोड़,
ना भ्रम में डूबी रह,
अरे सखी! प्रियतम की आस में,
काट देगी यौवन कह,

परे हट परिधी से,
त्याग दोगी सब हर्ष,
अदृष्य सुषमा को त्याग,

ना सखी वह आएगा,
आएँगे सब क्षण शुभ,
फैला अम्बर तर करेगा,
तृप्त होगा क्षुब्ध नभ,

अरे प्रेमदा, ना उन्मुक्त हो,
बैठी रह ना बाट जोह,
निरा चटुल प्रियतम तेरा,
छोड़ उस कर की राह,

आभा तरंग बुझ जायेगी,
पाटल बो न सुखी धरा पर,
प्रवाल सब झड़ जायेंगे,
न आया वह भ्रमर अगर,

अरे पीयुषा! वह आएगा,
शीतल उर्मियाँ यह कहती,
प्रखर उमंग प्रिय प्रेम की,
धमनियों में है बहती,

आस तुझे प्रीतम की
बता वह कहाँ आएगा,
मेरी इस रूपसी को,
रूपक कहाँ मिलन आएगा,

ना सखी, ना बताऊँगी,
एक वातायन वह गोपनीय,
इंगित न करूँ संकेत स्थल,
आयेंगे जहाँ शोभनीय,

बता सखी बता सखी,
कहाँ खिलेगी ललाईयाँ,
मधुमास से उपवन में,
कहाँ मिलेंगी दो परछाईयाँ,

ना ये क्षण अनमोल है,
डूब जाऊँगी अभिसारों में,
एक प्रणय क्षुद्र है मन में
लुटाऊँगी बहारों में,

अच्छा! प्रिय मिलन की आस है,
न बता संकेत स्थल,
कैसे सजेगी तू सखी,
चेहरा होगा कैसा उज्जवल,

आँख अंजन डाल कर,
रचा नख-रंजनी हाथ में,
पद्म्हार गले पहन,
लीला नयन ले साथ में,

बिखेर दूँगी लावण्य रस,
बन मोहिनी जाऊँगी,
प्रणय तुलिका भेदकर,
प्रेम-कामिनी कहलाऊँगी,
मृग से लोचन लिए,
खग सी उड़ जाऊँगी,
अरुण अधरों की प्यास,
प्रेम-पीयूष से बुझाऊँगी,

बनूँ नियति पर महिषी,
पहन प्रेम किरीट,
पिला प्रेमामृत,
करूँ प्रेम प्रकट,

वाह! सखी धन्य है,
तेरा प्रेम और जोश,
भोली सूरत देख तेरी,
है रसना मेरी खामोश।

जन जन की माँ भारती

जन जन की माँ भारती,
ये माटी हमें पुकारती,
सुष्मिता सी शस्यश्यामलां,
बाहू बन खड़ा हिमाला,
चन्दन सी माटी अपनी,
राम लखन की माता जननी,
कश्मीर की ज्योत्सना,
शांत हिन्द की साधना,
कल-कल करता गंगा जल,
हिन्द देश का आज और कल,
तप-तप करता रेगिस्थान,
रणवीरों का राजस्थान,
कामधेनु सी माता गैया,
शीतल-शीतल ये पुरवैया,
भारत माँ पर चलते हल,
कटा-फटा माँ का आँचल,
अपने मन की व्याख्या करती,
खून मांगती माता धरती,
जन-जन की माँ भारती,
ये माटी हमें पुकारती।

सत्याग्रह की प्रेरणा देती,
स्वाभिमान की राह दिखाती,
संकल्प की शक्तियों से,
हर मुश्किल को हंसकर भुलाती।
संग्राम की गूंज सुनाती,
कृतज्ञता की परिभाषा सिखाती,
सृजन की नई कहानी में,
हर वीर की जज़्बात समाती।
अश्रुपूरित आँखों से जब,
माँ की ममता को देखती,
जन-जन की माँ भारती,
ये माटी हमें पुकारती।

एक फूल हो तुम

मेरी ही शाख का
एक फूल हो तुम,
मेरे रंगीन बाग का
एक मूल हो तुम,
मेरे अंतर्मन का
प्रतिकार हो तुम,
मेरे शांत शब्दों का
आकार हो तुम
मेरी हर उड़ान का
ज्वार हो तुम,
मेरे जीवन-ज्योति का
आधार हो तुम,
मेरे हर रंग के,
अनुकूल हो तुम,
मेरी ही शाख का
एक फूल हो तुम

कफ़न मे शामिल

कुछ हवन में मशगूल थे,
कुछ कफ़न में शामिल ....
कुछ रद्दियों के ढेर थे,
कुछ ज़हालत को हासिल ....
कुछ मस्जिदों में कैद थे,
कुछ घंटियों में कैद ....
कुछ इश्तिहारों की दौड़ में,
कुछ पगडंडियों में कैद ....
कुछ दूरियों से खुश थे,
कुछ पास हो नाराज़ ....
कुछ भूख से मदहोश थे,
कुछ झूमते से बाज़ ....
कुछ बंद आवाज़ थे,
कुछ बुलंद आवाज़ ....
कुछ भौंकते श्वान थे,
कुछ सुरीले साज़..

पता ही न चला

वो कब आप से तुम हो गए,
पता ही न चला,
कब तय हुए इश्क़ के फासले,
पता ही न चला,
वो ऐसे ही मुस्कराते रहे,
हम मुस्कान के मोती बनाते गए,
वो आँखों से हवाएँ चलती रही,
हम इश्क़ की गाड़ी बढ़ाते गए,
वो कब दूर से पास हो गए,
पता ही न चला,
कब कम हुए इश्क़ के फासले,
पता ही न चला।

मैं जुगनू बन के चमका हूँ

मैं जुगनू बन के चमका हूँ,
वो ज्योति तुमसे आई है,
मैंने बाग लगाया सपनों का,
वहां खुशहाली तुमसे आई है,
जब सूरज निकला इंद्रधनुष ले,
शाम दीवानी आई थी,
रंगो में एक रंग अपना भर,
आकाश सजाने आई थी,
तुम आए अम्बर अपना लेकर,
मेरा घर बनाने को,
बाग-बगीचे, तितली, तारे
सबको और सजाने को,
आठ अजूबे, सात हैं तारे,
एक तारा तुम लाई हो
मैं जुगनू बन के चमका हूँ,
जब ज्योति बन तुम आई हो

एक ऋतु तू इनमें प्यारी

ऋतुएं आए जाए सारी,
एक ऋतु तू इनमें प्यारी......
तू जो चले संग-संग,
बीते मेरी ज़िंदगानी सारी.....
जा कर देखा मैंने मंदिर,
पर तू एक मूरत न्यारी........
ऋतुएं आए जाए सारी,
एक ऋतु तू इनमें प्यारी ....
ग्रीष्म, शीत, वर्षा, वसंत,
इनमें न खुशहाली हमारी.......
एक ऋतु हरियाली वाली,
जो बसाए खुशहाली सारी........
ऋतुएं आए जाए सारी,
एक ऋतु तू इनमें प्यारी।

ज़िन्दगी

किस्सा, कहानी, बात हो गयी हो,
"ज़िन्दगी" तुम बरसात हो गयी हो,
कभी रिमझिम मीठी चास्नी सी,
कभी सदियों की बात हो गयी हो।
कभी सावन की पहली बूंद हो,
कभी दर्द की सर्द रात हो गयी हो,
कभी हंसी के झरने सी तुम,
कभी चुपके से ख्वाब हो गयी हो।
कभी टूटते हुए तारे का एहसास,
कभी उजली सुबह का राज़ हो गयी हो,
कभी दिल की गहराई में डूब कर,
कभी आकाश की छांव हो गयी हो।
कभी लहरों में खो जाने जैसा,
कभी तन्हाई का आलम हो गयी हो,
कभी प्यार की गर्मी सी तुम,
कभी दूरियों की सिसकी हो गयी हो।
कभी हर पल में तुम हो,
कभी ख्वाहिशों की बारात हो गयी हो।
किस्सा, कहानी, बात हो गयी हो,
"ज़िन्दगी" तुम बरसात हो गयी हो।

कुछ कम सा लगता है

भरी सी ज़िन्दगी में कुछ कम सा लगता है,
ख्वाहिशों को जैसे कोई भरम सा लगता है,
नाउम्मीद न रहा करो ऐ ज़िन्दगी खुद से यूँ,
कि धूप का आँचल भी कुछ नम सा लगता है।
तुमसे मिलकर, जैसे सारा जहाँ रुक सा जाता है,
अजनबी राहों में फिर कोई कदम सा लगता है,
इंसान की चाहतें भी कुछ लहरों की तरह,
कभी उफान पे, कभी चुप सा लगता है।
उम्र की घड़ी में कटी छोटी सी फ़िज़ा,
कभी वक्त भी खुद से रुक सा लगता है,
सपनों की धुंध में खो जाने की ख्वाहिश,
कभी उस लम्हे में भी तम सा लगता है।
कभी खुशियों का क्या हाल बताऊँ,
चाहे हो तन्हा, पर कुछ गर्म सा लगता है,
तुम्हारी आँखों का ग़म और तुम्हारा प्यार,
जैसे कोई गीत भी अपने ही स्वर सा लगता है।
कभी वो रातें भी कुछ ज़्यादा अंधेरी सी,
कभी चाँद भी ख्वाब सा लगता है,
तुमसे दूर होना तो जैसे असलियत की सज़ा,
हर पल ही कहीं कम सा लगता है।

ऐ ज़िन्दगी, तुम क्या जाने ये दिल क्या चाहता है,
कभी मिलकर भी बिछड़ना ग़म सा लगता है,
कभी सोचता हूँ, तुम हो या मैं,
कभी ये सवाल भी, खुद से तामझाम सा लगता
है।

दुआ कर देना

मेरी मौत का राज़ न पूछना किसी से तुम,
बस दो फूल मुझ पर चढ़ा कर दुआ कर देना।
ना आँसू बहाना मेरी कब्र पर बैठ कर तुम,
मेरी मौत के बाद मेरी याद को हवा कर देना।
यूँ मुफ़्त में राख़ हो जाना मुझे मंज़ूर नहीं,
मेरे अंग-अंग को किसी ओर की दवा कर देना।
यूँ तो मेरी ज़िंदगी से नाखुश थे बहुत,
मेरी मौत पर उनकी खुशियों की दुआ कर देना।
मेरी मौत का राज़ न पूछना किसी से तुम,
बस दो फूल मुझ पर चढ़ा कर दुआ कर देना।

अनमोल अहसास

चाँद की किरणों में बसी हो तेरी बात,
जो भी तुम हो, बस तुमसे ही है मेरी रात।
तेरी लहराती ज़ुल्फें, जैसे बहे मधुर पवन,
तेरी आँखों में छुपा है सारा जग का ग़म।
जिस प्यार की महक से महके हैं ये फासले,
तुम ही हो मेरी ज़िंदगी, तुम ही हो मेरे ख्वाब।
तेरा चेहरा, जैसे खिलता हुआ गुलाब,
या जीवन के राग में बजी मीठी तान।
शायद तुम हो मेरे सपनों की रोशनी,
चाँद की रात का वो अद्भुत नज़ारा, तुम हो।
तेरे होंठों पर मुस्कान की एक जादुई छवि,
तेरी संगिनी बन के चलूँ मैं हर दिशा।
सौंदर्य और प्रेम की इस कड़ी में तुम हो,
मेरे दिल की गहराई में बसी हो तुम,
मेरी चाँदनी रात का अनमोल अहसास।

चाँद की छाँव में

चाँद की छाँव में पपीहा गुनगुनाए,
ओ री सखी, मोहे काहे सताए।
मेरा पिया गया री परदेश,
मैं अकेली, मोहे काहे री सताए।
उसकी यादों का सावन आए,
आँखों में बूँदें, मन तरसाए।
नींदें रूठीं, सपने भी छूटे,
बिन पिया के ये रैना न आए।
सुन री सखी, अब की दुआ कर,
पिया लौटे मेरे दर पर।
बाँध के संग अपने अरमान,
मुझको ले चले अपने गाँव का किनारा।
चाँदनी रातें भी बेरंग लगें,
बिन पिया के सब सूना लगे।
सखी री, कैसी ये रुत आई,
दर्द मेरा, गीतों में समाई।
चाँद की छाँव में पपीहा गुनगुनाए,
ओ री सखी, मोहे काहे सताए।
मेरा पिया गया री परदेश,
मैं अकेली, मोहे काहे री सताए।

रंगों की बरसात हो रही है

रंगों की बरसात हो रही है,
वो मेरे सपनों में खो रही है।
आ कर बैठो कभी पास में,
वो नव रिश्ते संजो रही है।
चुपके से वो मुस्कुरा रही है,
आँखों में कुछ कहानियाँ सजा रही है।
हर लम्हा जैसे ठहर गया है,
दिल की धड़कन बढ़ा रही है।
उसके आने से रोशनी बढ़ी,
जैसे चाँदनी ने सर्द रातें लड़ी।
उसकी खुशबू हवाओं में घुली,
जैसे महक ने हर दिशा छू ली।
पलकों के साए में ख्वाब पल रहे,
धड़कनों के सुरों में गीत चल रहे।
साथ उसका जैसे जादू सा हो,
सुनहरे लम्हों का समां बन रहे।
रंगों की ये बरसात थम न जाए,
उसकी हंसी का उजाला कम न जाए।
थोड़ी देर और ठहरो यहाँ,
जिंदगी का ये पल खत्म न हो पाए।

अब हर सवेरा उसी का लगे,
हर रात उसी के साथ जगे।
सपनों की दुनियाँ बस सजती रहे,
और उसकी मोहब्बत यूँ बहती रहे।

ऐ रात कहाँ चल दी

ऐ रात कहाँ चल दी यूँ ही,
मेरा ख्वाब अधूरा छोड़ कर,
पलकें अभी खुली कहाँ जो,
फिसल रही धुंध ओढ़ कर।
चमकते तारे, बुझने लगे,
चाँद भी छुपा है चादर में,
तेरी छाया का संग लिये,
सिहरन सी है इस बस्ती में।
बिना बताए क्यों रूठ गई,
तेरी ठंडी छाँव को तोड़ कर,
ऐ रात कहाँ चल दी यूँ ही,
मेरा ख्वाब अधूरा छोड़ कर।
सन्नाटे की इस चुप्पी में,
तेरा गीत सुनाई देता है,
हवा की गूँज में लिपटा सा,
मेरा नाम बुलाई देता है।
मैं जागूं या फिर सो जाऊं,
हर उत्तर है तुझसे जोड़ कर,
ऐ रात कहाँ चल दी यूँ ही,
मेरा ख्वाब अधूरा छोड़ कर।

तेरी गोद में था शांति का क्षण,
जो टूट गया यूँ थम-थम कर,
तेरा साया ढलते ही बिखरा,
सूरज के इस जादू से डर।
पर दिल में अब भी आस बसी,
फिर लौटेगी तू नीर बरस कर,
ऐ रात, रुक जा पल भर को,
मुझे ख्वाबों के संग जोड़ कर।

धरती को फिर नम किया है

लो बारिश ने धरती को फिर नम किया है,
लम्हा-लम्हा मेरा तर शबनम किया है।
खिड़कियों से झाँके हैं यादों के मंजर,
तेरी हसरतों ने मुझे बेदम किया है।
जो बूंदें गिरें, वो तेरे पैगाम लगें,
हर कतरा मुझे तेरा गुलाम लगे।
सड़कें भीगीं, दिल भी बहका,
फिज़ाओं ने तुझसे सलाम किया है।
लो बारिश ने धरती को फिर नम किया है,
लम्हा-लम्हा मेरा तर शबनम किया है।
आसमान की झोली में रंग भरा है,
जैसे तूने मेरे दिल को छुआ है।
चमकते हैं बादल तेरी मुस्कान से,
हर बिजली ने मुझको प्रणाम किया है।
हर कोना ये भीगा, हर पत्ता खिला,
जैसे तूने कहीं दूर से इशारा किया।
मैं ठहरा रहा इस झमाझम के बीच,
और साज़िश ने तेरा एहसास किया है।
लो बारिश ने धरती को फिर नम किया है,
लम्हा-लम्हा मेरा तर शबनम किया है।

विरह का दर्द क्या है

बारिश की हर बूंद से पूछो,
कि विरह का दर्द क्या है...
वो पीड़ा विरह की यार,
बादलों की रूदन से बयां है।
वो घाघर में रही होगी,
वो समंदर भी बनी होगी,
वो नदी बन चली होगी,
वो आँखों से भी बही होगी।
वो बिछड़न भरी छन-छन,
वो पीड़ा भरी गरजन,
वो धरती में समा कर भी,
बादल ही रही होगी।
वो फिज़ा में तैरती सिहरन,
वो आहट बनके गिरती धड़कन,
वो बूंद-बूंद में सिमटी तड़प,
वो ज़मीं से उठी कराहों की गूंज।
हर मोड़ पे पुकार बनके,
वो गगन से उतर रही होगी,
हर दिल के किसी कोने में,
विरह की कथा लिख रही होगी।

वो जड़ों को छूकर सहलाती,
पर शाखों से दूर ही जाती,
वो मिलन की आस भी होगी,
पर बिछोह की रीत सिखाती।
बारिश की हर बूंद से पूछो,
कि विरह का दर्द क्या है...
वो पीड़ा विरह की यार,
बादलों की रूदन से बयां है।

हर बाज़ी को जीत आया हूँ

मुफ़लिसी की बारिशों में मैं भीग आया हूँ,
मुफ़लिसी में जीना मैं सीख आया हूँ।
मुझे अब ताना मत दिया करो मेरे दोस्त,
अमीरों की कश्तियाँ भी डूबती देख आया हूँ।
जिन्हें ऊँचाइयों का था गुमान कभी,
उनके इम्तिहानों को करीब से देखा है।
जो इतराते थे सोने के सिंहासनों पर,
उन्हें खाक में मिलते मैंने देखा है।
मैंने भूख के साए में सपने पाले हैं,
पसीने से अपने हर ज़ख्म को ढाले हैं।
तुम्हारी ज़मीं पर रहम की उम्मीद न थी,
अपनी तकदीर खुद ही संभाल आया हूँ।
मुफ़लिसी की बारिशों में मैं भीग आया हूँ,
मुफ़लिसी में जीना मैं सीख आया हूँ।
जहाँ सबने सर झुका लिए अपने हालात पर,
वहाँ उम्मीद का दिया मैं जला आया हूँ।
झूठे वादों से भरी इस दुनिया में,
सच का एक कंधा तलाशता रहा।
जो खो गया, उसका अफसोस नहीं,
जो पाया, उसी पर दिल लगाता रहा।
मेरी जेबें खाली सही, पर दिल है भारी,
हर ज़ख्म ने मुझे सिखाई नई तैयारी।

मैं गिरा हूँ, मगर उठकर चलता रहा,
अपने सपनों को हमेशा संभाल आया हूँ।
मुफ़लिसी की बारिशों में मैं भीग आया हूँ,
मुफ़लिसी में जीना मैं सीख आया हूँ।
अब कोई डर नहीं, कोई शिकवा नहीं,
ज़िंदगी की हर बाज़ी को जीत आया हूँ।

कश्मीर देखता हूं

बंद आंख से जब भी तेरी तस्वीर देखता हूं,
क्या कहूं, झरोखा-ए-हुस्न कश्मीर देखता हूं,

छू कर निकल जाती जब भी हवा,
मदहोश हवा पर हवा सा तसव्वुर देखता हूं,

डूबते हुए सूरज के साथ सांझ जब भी आती है,
सांझ के आंचल में नित नव भोर देखता हूं,

आती हुई हर आहट पर चौंक जाती है नज़र,
तू हो या ना हो हर आहट पर तेरी ओर देखता हूं,

बारिश की बूँदों में तेरी आवाज़ सी है,
हर बूँद के अहसास में तुझे पास देखता हूँ,

चांदनी रात में जब भी उठती है नज़र,
टिमटिमाते तारों में, तुझे हर बार देखता हूँ,

रात की खामोशी जब मुझसे बात करती है,
तेरे लफ़्ज़ों का कोई नया शोर देखता हूँ।

जो तुझे लिखता हूँ हर पन्ने पर,
उस लिखावट में तेरा ही ज़ोर देखता हूँ।

बंद आंख से जब भी तेरी तस्वीर देखता हूं,
क्या कहूं, झरोखा-ए-हुस्न कश्मीर देखता हूं।

समय

"समय" कैसे दिन दिखा रहे हो तुम,
नमक सा पानी में घुल, आँखों से धुँधला रहे हो
तुम।

कितने ख्वाब थे जो तेरे साथ देखे थे,
हर एक ख्वाब अब बिखरा रहे हो तुम।

तेरी मझधार में खो गए हैं रिश्ते,
पर बिना रुके बहते जा रहे हो तुम।

कहा था हर याद में साथ होंगे,
हर याद को ढूंढ रहे हो तुम,

वो हंसी, वो पल, जो हमसे जुड़ी थीं,
अब आँसुओं में डूबा रहे हो तुम?

तुम जो कभी खामोशी से निभा रहे थे,
आज बेईमानी किये जा रहे हो तुम,

वो बातें जो कभी कम ना थी,
उनको हवा में उड़ा रहे हो तुम,

जो कभी मंज़िलों के राही थे,
उन्हें भटका रहे हो तुम,

"समय" कैसे दिन दिखा रहे हो तुम,
नमक सा पानी में घुल, आँखों से धुँधला रहे हो
तुम।

वक़्त ने आज मुझसे मुलाकात की है

वक़्त ने आज मुझसे मुलाकात की है,
उनके दिल ने आज मेरी बात की है।
कुछ खास सी बात है इन फ़िज़ाओं में,
इन्हीं लम्हों में खो गए हम दोनों कहीं।

तेरे चेहरे पे जो रोशनी है,
वो मेरे ख्वाबों से आई है।
तेरी हँसी में जो मिठास है,
वो मेरे दिल से जुड़ी है।

वक़्त ने आज मुझसे मुलाकात की है,
उनके दिल ने आज मेरी बात की है।
हमारी कहानी अब तक थी अधूरी,
लेकिन अब ये मोहब्बत पूरी हो गई है।

तेरे करीब जब मैं आया,
जाने क्यों दिल ने ये गाया।
साँसों में तेरी ख़ुशबू समाई,
मेरी दुनिया अब तुझसे जुड़ी है।

हम दोनों की धड़कनें हैं एक,
तेरी मेरी नज़रों की बातें हैं खास।
जो कभी दूरियाँ थीं, अब पास आ गईं,
प्यार में हमारी अब कोई भी राह नहीं रुकती।

वक़्त ने आज मुझसे मुलाकात की है,
उनके दिल ने आज मेरी बात की है।
हमारी कहानी अब तक थी अधूरी,
लेकिन अब ये मोहब्बत पूरी हो गई है।

तेरी आँखों में वो जो चमक है,
वो मेरे दिल को बेहद पसंद है।
अब दोनों में बस एक ख़्वाब है,
तू और मैं, हम दोनों ही हैं।

वक़्त ने आज मुझसे मुलाकात की है,
उनके दिल ने आज मेरी बात की है।
हमारी कहानी अब तक थी अधूरी,
लेकिन अब ये मोहब्बत पूरी हो गई है।

वक़्त ने आज मुझसे मुलाकात की है,
उनके दिल ने आज मेरी बात की है...